La Rome
ridicule.

LA
ROME
RIDICVLE,

Caprice.

LA ROME
Ridicule, Caprice.

I.

IL vous sied bien Monsieur le Tibre
De faire ainsi tant de façon,
Vous en qui le moindre poisson
A peine a son mouvement libre,
  Il vous sied-bien de vous vanter
D'avoir dequoy vous disputer,
A tous les fleuves de la terre :
Vous qui comblé de trois moulins
Nozeriez deffier en Guerre,
La riviere des Gobelins.

II.

  Vrayement ce monstre qu'on habille
D'oreilles de langues, & d'yeux,
Cét oyseau qui vole en tous lieux
Et de tout à son gré babille,
  Le renom qui se paist de vent,
Nous en a donné bien souvent
Contant l'Estat de vostre Empire,

Ie vous croyois plus grand cent-fois
Et qu'en vous le plus grand Navire
N'estoit qu'vne coque de noix.

III.

Ie m'estois figuré le Gange
Plus qu'eux qu'vn rat au prix de vous,
Diamants, m'estoient vos cailloux,
Et pur gravier d'or vostre fange
Le sucre emplissoit vos roseaux,
Le Saumon brilloit dans vos eaux,
Avec des escailles de nacre:
L'ambre se trouvoit en vos bords
A tout ce qu'à Flore on consacre,
Vous honnoroit de ses Tresors.

IV.

Vous avez deux cornes superbes
Comme ce mouton precieux,
Dans vn beau giste spacieux
Vous foullez les plus nobles herbes:
Vostre long poil estoit ondé,
Vous me semblez estre accoudé,
Sur vn vaze de porcelaine,
Et ce que de son creux natal,
Sortoit pour arroser la plaine,
Estoit pour le moins de cristal.

V.

Rien que Nimphes ieunes & belles,

N'en fondoit l'agreable Cours,
Sinon par fois quand les Amours
S'y venoient baigner avec elles,
Voftre gloire au Ciel s'eflevoit
Amphitrite vous recevoit,
Moins dans fon fein que dans fon ame,
Bref imbu de maint faux plaifir,
Voftre onde eftoit toute ma flame :
Et voftre afpec tout mon defir.

VI.

Cependant rien de plus fauvage
Ne s'apparut iamais à moy,
Iamais mortel n'eut plus d'effroy
Que m'en donna voftre rivage,
Quand ie vins a vous aborder
Ie fus preft à vous démander,
Où vous eftiez voire a vous mefmes,
Et crûs qu'au lict couché fans draps
Vous languiffez malade & blefme,
Et pris voftre corps pour vn bras.

VII.

Mais maintenant à voftre honte,
Trop inftruit de la verité,
Ie veux que la pofterité
Oye vos horreurs que ie conte :
Bain de crapaux ruiffeaux bourbeux,
Torrent faict de piffat de bœufs,

Canal fluide en pouriture
Dégobillez de quelque mont,
Puis d'vn poullain de la nsture
C'eſt bien à vous d'avoir vn Pont.

VIII.

A vous qu'avecques ma bedaine
A clochepied ie ſauterois
A vous que d'vn traiɛ̃t ie boirois
Si ie prenois la vie en haine,
A vous qui ſur noſtre élement,
Repreſentrez tant ſeulement
Vn ver liquide en vne pomme,
A vous en fin qui ne ſçauriez,
Barbouiller deux bordels à Romme,
Quand d'huile & d'ancre vous ſeriez.

IX.

Ha ! Dieu vous gard la belle Ville,
Vous voicy en fin ſur les rangs,
Il vous faut chatouiller les flancs,
D'vne main adroite & ſubtille,
Comme le chef de l'Vnivers,
Ie vous promets que dans ces vers,
Vous aurez quelque tour de peigne,
Mais grattant voſtre chef teigneux,
Il ne faut pas que l'on ſe plaigne,
Vous en taſterez ſi le veux,
Mais auſſi qu'aucun ne ſe plaingne.

Si i'en arrache des cheveux.

X

Me le faut pour mettre la cendre,
D'vn Prince & de son cher Mignon,
Prince qui trop chaud du rognon
Brusla des flames d'Alexandre,
Forteresse autresfois tombeau,
Qu'avez vous aujourd'huy de beau,
Pour estre si celebre au monde?
Ha! n'en soyons plus esbaïs,
C'est que vostre figure est ronde,
Et qu'on l'estime en ce païs.

XI.

L'Allemant à cause des tonnes,
Qui logent la sainéte liqueur,
La loge au milieu de son cœur,
Et non pour l'amour des Couronnes
Le François la cherit aux plas,
L'Espagnol ne fut iamais las
De l'aimer à cause du globe:
Et l'Italien clos & coy
Soit de courte ou de longue robe
L'Idolatre Dieu sçait pourquoy.

XII.

Colomnes en vain magnifiques
Sots prodiges des Antiens,
Pointus fastes des Egyptiens,

Tous griffonnez de hieroglifiques,
Amusoirs de foux curieux
Travaux qu'on tient victorieux,
D'vn si puissant nombre de lustres
Faut-il que nous voyons par tout
Tresbucher tant d'hommes Illustres
Et que vous demeuriez debout?

XIII.

Pietre & barbare Colisée
Execrable restes des Gots
Nids de lezards & d'escargots,
Digne d'vne amere risée,
Pourquoy ne vous raze-t'on pas?
Peut-on trouuer quelques appas,
En vos ruines criminelles,
Et veut-on à l'Eternité
Laisser des marques solemnelles
D'horreur & d'inhumanité.

XIIII.

Parbieu ce n'est plus raillerie,
Ie m'estonne que tout a-bon,
Mes doigts conduisons le charbon,
Avec vn peu moins de furie
Il m'est permis de lanterner,
Il m'est permis de badiner,
Iusqu'à faire pisser de rire,
Mais ie serois vn vieux bouquin,

De

De dégainer l'aigre Satyre,
A la barbe d'vn grand Pasquin,

XV.

Ma Muse rendons quelque homage
A ce bon muleau vermoulu:
Marlons sur l'air de Lanturlu,
Vn hymne aux pieds de son image
Hé comment, elle n'en a point,
Le Goinfre est reduit à tel poinct,
Qu'il ne sçauroit dancer ny courre,
Et que son bras creu si puissant,
Ne peut ny iouer à la Moure
Ny faire la gigue au passant.

XVI.

Mais pour le moins en recompense
Il ne manque point de cacquet,
Il cause comme vn Perroquet:
Et dit sans peur tout ce qu'il pense,
Aussi quoy qu'il fust brave & fort
On conte que depuis sa mort
Habile en matiere de bayes,
Sa langue qu'en poivre il confit,
A fait de plus cuisantes playes
Que iamais son glaive ne fit.

XVII.

Peuple l'excrement de la terre
Romains qu'aaiourd'huy nous voyons,

Si vicieux & si Coyons
Vous diffamez ce lieu de guerre,
Aussi le Prince des Combats
Trouvant chez vous son Sceptre bas,
L'emporta-il en nos armées,
Où dans les tragiques employs?
Nos lames de gloire animées,
Ont fait milles fameux exploicts.

XVIII.

Les goites & les escroüelles
Aprés que des Anglois quoüez,
Nos corbeaux furent engoüez:
Ont esté mises par roüelles,
Ces Bufles d'yvrongnes du Nort
Ont cognu que sous nostre sort,
Il faut que l'Europe se regle:
La France est sans Rebellion,
Et ses Cocqs ayans bourré l'Aigle
Redoublent la fiévre au Lyon

XIX.

Cher Brocardeur, puissant Monarque
Des müets qui sçauent parler,
Marbre à qui ie dois immoler,
Pour le voyage où ie m'embarque
Gentil mome petrifie,

En toy ie me suis confié:
Dés le debat de ces sornettes,
Remets-moy dans leur beau chemin
Et fai que pour des chansonnettes,
On les revande en parchemin.

XX.

Terme où lavoit sa carcasse
Riche de gratelle & de cloux,
Ce vieux Fat, qui pour quatre choux
Laissa le Throsne & la Cuirasse,
Qui n'enrageroit dans sa peau:
De voir du fond iusqu'au coupeau,
Vos voûtes entieres & saines:
Tandis que peut-estre en maints lieux,
Celles des caves toutes plaines
Font le plongeon devant tes yeux.

XXI.

Pantheon iadis l'habitacle
De tous les Marmouzets sacrez,
Où cent pauvres veaux massacrez,
Estoient tous les iours en spectacle,
Sous-ombre que par vn seul trou,
Vous gangniez ce Dieu du Perou,
Qui luit en ses carrieres amples,
Et pour ce beau nom pretendu
D'vn Polipheme entre les Temples,

B ij

Faut-il tant faire l'entendu

XXII.

Motte qui tranchez de l'Olympe
Et n'avez pas six pieds de haut,
Butte où ie crois à l'assaut,
Encore le Gaulois qui grimpe.
Capitole où le faux Iupin,
Se faisoit baiser l'escarpin,
A dedier la fleur des proyes,
Vous ne devez pour cent raisons,
Si vous fustes chery des oyes
Estre loüé que des oysons.

XXIII.

Mais encore ô Cité de nesles
Si faut-il chanter vostre Autheur,
Vostre celebre Fondateur,
Aiusté comme vn Roy de trefles,
Si faut-il dy-ie mettre au iour,
En mots triez quelque bon tour,
De ce galand bouffi d'audace,
Qui la dague hors de l'estuy,
Ietta roide mort sur la place:
Son cadet aussi vieux que luy,

XXIV.

Déia plus fier qu'vn pet en coque:
Ce cœur de chien, cét œil de chat,
Avoit de boüé & de crachat,

Fagotté vos murs de bicoque,
Désia dans les proches ameaux
Ses gens au son des chalumeaux,
Avoient esté chercher des fames,
Et desia ces culs embrasez
Comme des visages infames,
En avoient esté refusez.

XXV.

Quand ce rustre Tetteur de Louve
A fin d'en avoir à choisir ;
Pour souiller le paillard desir,
Qui dans leur sein velu se couve,
Se met à faire le dolent,
Feint que d'vn accent violent,
La migraine luy fent la teste :
Se plaint du ventre & du costé,
Et faut à certain iour de feste
Voüer des ieux pour sa santé.

XXVI.

En fin l'Aurore saffranée,
Qui pleure ie ne sçay quel fils,
Ayant de ce terme presis,
Ouvert la fraische matinée,
L'on voit fondre de toutes parts,
Où sont à present vos rampars,
Gens de tout sexe & de tout aage,
Et ceux qui vouloient s'abstenir

D'entrer en voſtre parantage,
Sont ſi benets que d'y venir.

XXVII.

Démon des paſſetemps ruſtiques,
Plaiſant Lutin, Diable Ragot,
Apporte-moy ton larigot
Pour fluſter tes contes antiques,
Brouillacé en rime par mes mains,
Les exercices des Romains,
Au groteſque rapt des Sabines,
Et dy comme ces chauds teigueux,
Torcherent leur orde babine,
Contre ces muſles deſdaigneux.

XXVIII.

Ici dans la Paleſtre vnie,
De bras, de iambes & de corps
Les Lutteurs font tous leurs efforts,
Que peut ſuggerer la manie,
Tantoſt on les entend ſouffler,
Tantoſt d'ahan on void s'enfler
Leur muſcle leur nerfs & leur vaine
Ils bavent ils grincent les dents,
Et plus leurs ſcouſſes ſont vaine,
Plus à la priſe ils ſont ardents.

XXIX.

L'addreſſe à la vigueur meſlée,
Les noüe, & pouſſe à ſe preſſer

Mais leurs mains ne font que glisser,
Sur leur peau qui luit d'estre huilee,
Flanc contre flanc, sein contre sein,
Ils tentent dessein sur dessein:
Pour culbuter la resistance,
Leurs os sont contraints d'en fremir,
Et malgré leur rude prestance
L'oppression les fait gemir.

XXX.

Iamais les Arenes de Pise
N'en veirent de plus obstinez,
Ils font du moins cent pieds de nez,
A ceux dont l'estime ie prise:
Morlaye ny Quimpercorentin,
N'ont rien connu de si mutin
Dans le Mestier de croc-en iambe,
Et depuis qu'en l'azur des Cieux,
Le Roy des Falots trotte & flambe
Nuls Arbalestriers ne firent mieux.

XXXI.

Leur sueur humette le sable
Le peuple beant à l'entour,
Fait icy la gueule du four,
Et là se contourne le rable,
Il lutte comme eux en son cœur,
Il en souhaitte l'un vainqueur
Engagé dans la simpatie

Et quand l'vn vient à succomber,
Selon qu'il est de la partie,
Il triumphe ou se sent tumber.

XXXII.

I'en voi d'autres s'entr'abordant,
L'œil bigle d'ire & plain de feu,
Mais en fin s'acharmans au ieu.
Ils s'egratignent & se mordent:
Là les vns à beaux coups de poing,
S'escachent le nez & le groin,
Où se pochent les luminaires,
Et là les autres escartez,
De ses Orions sanguinaires,
Sautent comme singes foüettez.

XXXIII.

Icy l'vn fait rouler sa boule
Et la suit à pas de ballet,
Là l'autre iette le pallet:
Que de loin on regarde en foule
Là les vns pour quelque ruban,
Mette bas roupille & cabans,
Font vne course entretaillee,
Là ceux-ci tirent au baston,
Et dessous la verte fueillee,
Ceux-la s'escriment du mouton.

XXXIV.

Ici pour instrument de dance
On dit

On oit la cimbale tinter,
Les os-secs drus à cliqueter,
En accompagnant la cadance,
Vn Aveugle expert Vielleur,
Ioint sa simphonie à la leur:
Sous l'orme droit comme vne gaule,
Il grimace en mille façons,
Il tort son minois sur l'espaule,
Et fait peur aux petits garçons,

XXXV.

A ce beau, sont vingt goguelus
Serrent la patte à vingt lourdauts:
Qui meslent cent gestes nouveaux,
A cent postures dissoluës,
L'vn va sottement de travers
L'autre estourdi, tumbe à l'envers:
Quilles a-mont sur la pelouze,
Celle qui traisne en fait autant,
On luy voit iusqu'à la belouze,
Et on en rit en s'esclattant.

XXXVI.

Proche de là bien que l'Histoire
N'en face point de mention,
Par songe ou par tradition,
Ie sçai qu'il se tint vne Foire,
O que de nappes à Porchers,
Que de fatras aux filles chers,

Que d'enfantines bagatelles,
Ie n'aurois pas fini demain
Il ne s'en vit iamais de telles,
A la Foire de sainct Germain,

XXXVII.

Là s'apperçoit vne Norice,
Donner pour mets & pour ioüet,
A son magot tendre & flüet,
Vn ioly Dieu de pain d'espice
Là maints sifflets aux tons aigus,
Bastards de celuy qui d'Argus
Ferma les paupieres trompées,
Penetrant oreille & cerveau,
Animant les goffes poupées:
Qui là s'estallent au niveau.

XXXVIII.

Là d'vn costé les asnes brayent
De l'autre grondent les cochons,
Ici l'on vit sous les bouchons,
Les cris des beuveurs qui s'esgayent,
Maintes mazettes en hanissant,
Repond au bouveau mugissant,
Au pas de l'oüaille qui besle,
Et de ses cris il s'en faut vn:
Dans qui se confond pesle-mesle,
L'escho plaisamment importun,

XXXIX.

Là Mille robuftes Carites,
Folaftrent fur l'émail des prez,
Agreablement diaprez,
De iaunets & de marguerites,
L'vne en amaffe vn gros pacquet,
Puis affife en forme vn bouquet,
Dégoifant vn vieil air champeftre,
Et l'autre en fon cœur prie aux Dieux,
Que quand fes vaches yront paiftre
Tel herbage s'offre à leurs yeux.

XL.

Ià deffus arrive Romule,
Qui fe carrant en Iacquemart,
Le front orné d'vn beau plumart,
Chevauche vne quinteufe mule,
Lors à certain fignal donné,
Des plus ribaux environné,
Chacun empoigne fa chacune,
Ils font vn diable de Sabat,
L'vn pouffe en-avant fa fortune,
Et l'autre l'eftraint & l'abbat.

XLI.

A celle-cy nos bons Apoftres,
Difent, à quoy verfer tant de pleurs?
Si vous avez cueilli nos fleurs:
Devons-nous pas cueillir les voftres,

A celles-là sans caqueter,
Ils taschent d'en faire gouster,
Malgré leur resistance feinte :
En ce beau ieu tout est confus,
Le plaisir gist en la contrainte,
Et l'accueil est dans le refus.

XLII.

En vain s'oppose là le frere,
Au gemissemens de la sœur,
En vain par force ou par douceur,
Pour la fille intervient le pere,
En vain l'amoureux tout surpris
De sa petaude oyant les cris,
Se rend la trongne furibonde,
Tout secours y pert son Latin,
La brune la rousse & la blonde,
Passent par vn mesme destin.

XLIII.

Les meres seules forcenées
De voir embrocher ainsi leurs enfans,
Comme tygresses pour leurs fans,
Au choc se monstrent obstinées :
Coups de pied long esclat de voix.
Ongles & dents tout à la fois,
Sont employez à leur deffence,
Mais à la colere ny faut rien
Il faut cedder puis que l'offence :
En tel cas se prend pour vn bien.

XLIV.

Les Sabins voyans sans lunettes
Qu'il y faisoit mauuais pour eux,
S'estimerent assez heureux
D'en estre sortis gregues nettes,
Ils furent fins de s'esquiver,
Il auroit peu leur arriver
Quelque accident en ce grabuge,
On perce tout dans la roideur
En la faim de tous mets on bruge:
Et toute eau se trinque en l'ardeur.

XLV.

Es ombre de vaisselle de terre
Qui dans la Foire se trouua,
Parmy ce desordre esprouua,
Quels sont les malheurs de la guerre
Au lieu d'armes on s'en seruit:
Si bien qu'en fin elle se vit,
Reduite à l'extréme disgrace
Et de ses morceaux entassez,
Est prouenu le Mont testace,
Il est le Mont des pots cassez.

XLVI.

Villace qui dans chaque ruë
Avez des niches à hiboux,
Il se void des choses en vous,
Dont l'origine est tres-bourruë,

Tefmoin ectte Ifle au bord mangé,
Que l'ire du peuple outragé,
Fit naiftre dans voftre riviere
Du blé de ce rogue Tarquin,
Qui meritoit qu'une eftriviere
Paffementaft fon marroquin.

XLVII.

Quelques ordures efchoüées
Qu'il n'eft pas feant de nommer,
Aiderent bien à la farmer,
Deffus ces ondes tant loüées,
On la prendroit pour vn batteau
Où s'embarqueroit vn Chafteau,
Sous les Magiques loix d'Vrgande,
Qui pour vifiter Amadis,
Voudroit voir Illion la grande:
Voguer ainfi qu'au temps iadis.

XLVIII.

Quelle pyramide funefte
Quel fepulchre en ce mur douteux,
Contrefait là-bas le honteux,
Ha ! c'eft celuy du pauvre Zefte,
Qu'il fe declare aux regardans,
Eft-il dehors eft-il dedans:
Ce goullu digne Delluftoire
Et veut-il en Matthois accord,
Pipant les yeux ioüer fans boire

Des gobelets aprés sa mort.

XLIX.

Son monument devoit s'écrire
Sur ce Mont noble & reculé,
Où de vin rouge congelé,
Brille vn tombeau crû de Porphire,
Ce Cocq des Beuueurs invaincus
Devoit aussi-bien que Bacchus,
Lyrer ses quessres d'vne Ville:
Où par tant de secrets conduits
Ces ruisseaux obiets de ma bille,
S'y sont en traistres introduits.

L.

De ces ruisseaux milles fontaines
Regnent encore dedans ce lieu,
Leur seul aspect à ce bon Dieu,
Donneroit des fiévres quartaines
Vous les voyez d'vn saut bruyant,
Se poursuivant & se fuyant,
Sortir de quelque laide trongne,
Ou de quelque horrible museau,
Qui se boursoufle & se refrongne
Sous le caprice du cizeau.

LI.

Là des animaux les vomissent,
Ici les cornes des trytons,
Ici nichez par les cantons,

D'autres les pleurent ou les pissent,
Là d'vn gosier audacieux,
Les dragons les crachent aux Cieux:
Auec vne roideur extréme,
Mais aussi-tost se reprenant,
Cette eau retumbe sur soy-mesme,
Et fume presque en brûlant.

LII.

Quand ie contemple ces mysteres
Ie m'imagine en leur dessein,
Que l'air de Rome estant mal-sein,
On luy donne aussi des clisteres,
Où voyant Iris au travers,
Piaffer d'vn lustre divers:
Composé de rayons humides,
Ie croy que l'arc vert, rouge & bleu,
Décoche des fleches liquides:
Pour blesser l'element du feu.

LIII.

Mais drappons vn peu les statuës
Qui parent ce large bassin,
Il semble que le farcin
Les ait de galles reuestuës,
N'en déplaise aux Restaurateurs,
Leurs bras nouveaux leurs pieds menteurs
Meritent bien vn coup de Berne,
Ils l'auront, & sans nul respit,

En deux

En duſt la Sculpture moderne
Creuer de rage & de dépit.

LIV.

Ie ſçay bien ce que pour ſa gloire
Ses Partiſans m'allegueront
Ie ſçay bien qu'ils ſe targueront
D'vne infame & nouuelle Hiſtoire,
Ils voudront ramener au iour
De l'Eſpagnol oultré d'amour,
La bizarre & lubrique flame,
Que par des violans efforts
N'en bruſla pas ſeulement l'ame:
Mais en fit conſommer le corps.

LV.

Toutesfois pour vne figure
Elle ne s'en ſauuera pas,
Encore que par ſes appas,
L'art ait ſuborné la nature
Et puis auec ſa nudité:
Ce marbre eſtoit trop affecté
Pour le remettre en euidence
Il fut aux regards trop fatal:
C'eſt pourquoy l'humaine prudence,
La fit enfroquer de metail.

LVI.

Employons la Catalogne,
Sans employer Latin ny Grec

D

Et les ayans brauez du bec
Mettons les griffes en besogne,
S'apreſtent à gambader
Les Statuës de Bel veder
Qui font les Dieux entre les Marbres,
Et que ces Malautrus badins
Qui ſautent la bas ſous les arbres :
Paſſent comme eux pour Baladins.

LVII.

Que ſi leur peſanteur les garde
Du ſaut en l'air à cette fois
M'en deuſſay-ie rompre les doigts,
Si faut-il que ie les nazarde.
Vieux ſimulacres effacez
Pauures haires rappetaſſez,
O que voſtre morgue eſt ſi ſtrie :
Et qu'à bon droit on peut encor
Taxer Rome d'idolatrie,
De vous priſer au poids de l'or.

LVIII.

Ie deteſte auſſi vos ſemblables,
Bien que principaux ornemens
De ces monſtrueux baſtimens,
Dont on raconte tant de fables
Ie foïtte ſans compaſſion
Ces dourdiers d'emulation
Où l'œil expert trouue à redire,

Le hagard Taureau me déplaist,
Et ie tiens quiconque l'admire
Plus grosse beste qu'il ne l'est.

LIX.

Vestiges d'orgueilleux trophées
Soubs qui les sanglantes fureurs,
De tant de cruels Empereurs,
Ne sont pas encor estouffees,
Murs demolis , Arcs triomphaux,
Theatres, cirques eschafaux,
Monuments de pompes funestes :
Ma Muse à la fin du souper
Fait vn ragoust de tous vos restes
Qu'elle vaille autant à friper.

LX.

C'est trop parlé de choses mortes,
Clion prend des obiects vivans,
Et fay voir aux aages suiuans
Qu'elle est la verue où tu t'emportes,
Ce cours vaut bien le chapitrer,
Tu ne pouuois mieux rencontrer
Dans ton humeur de pesterie,
Ny faire de plus digne choix
Pour dresser vne batterie,
De sarbatanes & de poix.

LXI.

Que vois ie là dans ce carrosse

Quoy, Moyne, vous venez icy?
Et quoy, vous caressez aussi
Des chiennes qui faut que ie rosse,
Ha! c'est trop, vous en abusez :
Nous sommes tous scandalisez
De vos œillades libertines :
Retirez-vous, Peres en Dieu,
Ny les Vespres, ny les Matines
Ne se chantent point en ce lieu.

LXII.

O que ces guenuches coiffees!
Auec leur poil fauue par art,
Leur taille de vache & leur fard,
Sont à mes yeux d'estranges Fées
Qu'apres ce plat de Iacobins
Le sot garbe de ces Zerbins,
Amaratte donne de ioye,
Et qu'ils se font bien remarquer
Ces faux galands en bas de soye,
Dessus des selles à picquer.

LXIII.

D'vn seruiteur, & moy le vostre,
Qu'ils se dardent en grimassant
Ils semblent vouloir en passans
Ietter leur teste l'vn à l'autre
Le bord flottant & r'abatu,
Du feustre mince, & sans vertu;

Qui couure leur vaine ceruelle
Pour estre ainsi qu'eux lasche & mol,
Ondoye ou tort, & bat de l'aisle
Comme vn Choucas qui prend son vol.

LXIV.

Ferme Cocher de peur de crime
Qui prouient d'inciuilité,
Nous deuons toute humilité
A la pourpre Eminentissime;
O quel Regiment d'Estaffiers!
Que ces cheuaux sont gays & fiers,
D'auoir des houpes cramoisies,
Rome estincelle sous leur pas
Et deuant eux les ialousies
Font esclater tous leurs appas.

LXV.

Maint trait d'œil ietté en fusee,
De bas en haut est desseché
Afin de couurir vn peché
Dont leur nature est accusee:
Mais en vain par cette action
A l'orde reputation;
Veut-on apporter des remedes?
Les sens, par les sens sont trahys,
Et l'on sçait que les Ganimedes
Supplantent icy les Hayes.

D iij

LXVI.

La preuue n'en est que trop claire,
On a beau le dissimuler
L'effect ne cesse d'en parler,
Lors que la bouche le veut taire:
Mesme ie puis dire à ce coup,
Qu'on ne s'en cache pas beaucoup,
Du voisin, ny de la voisine,
Tant il vise au seul guichet,
Tesmoin la chaire Borghesine,
Qui prend les cu's au tresbuchet.

LXVII

Que les sotanes de Castille
Dans qui s'engençent ces magots,
Plus mal bastis que des fagots
Bouffent d'une audace gentille,
Qu'il fait bon voir ces Capelans,
Marcher à pied des fiolans
Sous une gueuserie enorme,
Et qu'on dit bien à leur façon,
Que de Lazarille de Torme
Ils ont autrefois pris leçon.

LXVIII.

Retournons à l'Hostellerie,
Ou dans l'Enfer pour dire mieux,
Enfer donc un Ours grand & vieux,
Est le cerbere & la furie,

Il est temps de se retirer,
Il est plustost temps de pleurer,
Puis que la nuict est reuenuë,
Ie crains & la table & le lict,
Et dans vne horreur continuë
Ma volupté s'enseuelit.

LXIX.

Moy qui me plaist sur toute chose,
A brisser bien & promptement,
Moy qui suis dans mon eslement,
Quand ie sisle, ou quand ie repose,
Faut-il me voir icy reduit:
A n'auoir rien ny cru ny cuit
Que la menestre & la salade
Et qui pis est que du vin noir,
Et du vin iaune doux & fade,
Qui fait rechigner l'entonnoir.

LXX.

Faut il apres que pour litiere,
A boyau vuide, & piteux trein
Ie m'en aille ronger mon frein
Dans vn vray grabat de l'Hosticre
Les matlas en sont pourris,
Maints grisons secs & mal nourris
M'y font la guerre à toute outrance,
I'en gronde comme vn vieux limier,
Bref ie giste en melon de France

Sur vne couche de fumier.

LXXI.

Quels tyrans de leurs propres aifes
Quels affez rudes Champions
Ils fouftiendroient les Scorpions,
Les fiers couffains & les punaifes,
Qui pourroit s'y parer des maux :
Caufez par certains animaux
Qui font vrayement mourir de rire,
Ie meurs de peur en y penfant :
Mais ie reffufcite pour dire
Que l'on en guerit en danfant.

LXXII.

A tel chinfreneau telle emplaftre,
Si toft que vous eftes mordu,
Et qu'on void qu'à groin pourfendu,
vous riez en verrat qu'on chaftre :
On fait danfer auecques vous
Des gens qui trépignent en fous,
Pour chaffer ce tourment rifible,
Si qu'à voir, & remede, & mal,
On diroit d'vn fabat vifible,
Ou le diable donne le bal.

LXXIII.

Portiere à bas, voicy la grange,
Ou le bon deftin m'a hutté,
Bon foir, Patron, bonne fanté :

C'est à dire vn Cancre vous mange,
Laquais le souper est-il prest,
Apporte viste tel qu'il est,
Soit Camal, Boutargue, ou Sardine,
Courage enfans, nous voila bien:
Donnons dessus à la sourdine
Grand appetit n'espargne rien.

LXXIV.

Quoy! l'Hoste se met en despence,
Vne fritade d'œuf couuez,
Et d'huile puante abreuuez,
Se vient offrir à nostre panse
vn morceau de Serpent rosty,
De mente & d'isope assorty,
L'accompagne auec vne raue,
Et jarcté sur le genoüil,
Bat sle d'vn pas lent & graue
Fait marcher trois brins de fenoüil.

LXXV.

Quels Iolis racleurs de guiterre,
Entens-ie passer là dehors,
Sans mentir, voila des accords
A mener la musique en terre,
Aux lamantables hurlemens,
Aux sincopes, aux roulemens,
Dont leur gorge est si bien mince,
Sauf l'honneur de G,-re,-sol,-vt.

Ie me figure l'armonie
D'vn concert de Matoüe en Rat.

LXXVI.

Allons faire vne promenade,
Tyrfis des Cieux le fauory,
Et laiffons ce chariuary
Qui contrefait la serenade :
Nous verrons des plus haut hupez
Traueftis & mal equipez,
En Tapinois gagner leur pofte,
Et rirons d'ouïr en voix d'Ours
Les rimeurs prompts à l'ariftpofte
Improuifer aux carefours.

LXXVII.

Quant à des l'Esbins miferables
Nous n'en defcouurirons que trop,
Ces Maraux vont le grand galop,
A l'Hofpital des incurables
C'eft du gibier à ladres-verts,
On les voit marcher de trauers
Sans qu'en rien leur jeu fe palie,
O creue-cœur ! ô mariffon !
Priape, Greffe en Italie,
Moins enfante qu'en Efcuffon.

LXXVIII.

Nous rencontrerons quelque Garce
En equipage mafculin,

Qui ſuiuant quelque Preſtolin
Nous donnera ſuiet de farce:
Ils ſeront poſſible attrapez
Faiſant les cheuaux eſchapez,
Par les Sbires de la Patrouïlle,
Et la Iument, & l'etallon
Verront ſi c'eſt à la citrouïlle
A contrefaire le melon.

LXXIX.

Nous ferons vn tour chez la Grecque,
Qui nous dira quelqu'vn des ſiens
A ſon Hoſtel vont les ruffiens,
Comme les Turcs vont à la Mecque
Nous paſſerons de mieux en mieux
Chez la Doróthée aux beaux yeux,
Qui fut Reuendeuſe de tripes,
Et ſçaurons en jaugeant le muy
S'il eſt vray que deſſous ſes nipes
Elle en vende encore auiourd'huy.

LXXX.

De là nous nous en irons boire,
Ayant pris Nicandre en chemin,
L'aigre de cedre & de jaſmin
Où la fraiſcheur eſt en ſa gloire:
Ha! que dira le Roy des pots,
Quand il entendra ces propos?
Et moy de meſme que diray-ie?

Ma raison a bien vn bandeau
De suiure des plaisirs de neige,
Et d'aymer vn breuuage d'eau.

LXXXI.

Qui feroit-on, c'est la coustume,
On est forcé de viure ainsi,
Le plus sain se corrompt icy,
Et tout s'y change en apostume:
Mais sortons sans tant deuiser,
Si ie voulois moraliser,
Ie n'auroit pas besogne faicte,
Iamais l'object ne manqueroit,
Et dans vne ? longue traitte,
Pegaze enfin se lasseroit.

LXXXII.

Toutesfois puis qu'il a des aisles
Il peut bien aller plus auant,
Et de ses plumes escriuant
I'en puis bien conter des plus belles,
Mettons en donc vne à la main:
Adieu Tyrsis iusqu'à demain,
Il faut obeyr au caprice
Il faut qu'à ce Demon follet,
Clion faicte en grosse Norice
Donne de l'ancre au lieu de laict.

LXXXIII.

Ces gens-cy n'ont point l'humeur franche,

A tout gain leur art eſt bandé,
Souuent pour m'auoir regardé,
I'ay veu me demander la manche,
L'honneur qui fait le quant à moy,
Ny la bonne femme de foy
N'ont point de ſiege en leur boutique,
Et leurs ſordides actions
Les font nommer des moins critiques.
La chiaſſe des Nations

LXXXIV.

Encore ne ſeroit-ce guere
Si cét auide d'argent
Qui riche eſt, touſiours indigent,
N'obſedoit que les cœurs vulgaires,
Mais chez des plus grands il fait voir
De tels effects de ſon pouuoir,
Que les Iuifs meſme en ont honte,
Et là deſſus ma liberté
Veut verifier vn bon compte
Qu'autrefois on ma debité.

LXXXV.

Lubin venant icy de Breſſe,
Fut prié par frere Zenon
D'en r'apporter grace en ſon nom,
Pour auoir ſanglé ſon Aſneſſe:
Lubin l'obtint & de retour,
Hé bien, dit-il à noſtre amour?

As-tu fait quelque tripotage?
Ouy, dit Lubin, & sans gloser
Pour quelques Iules dauantage
On l'eust permis de l'espouser.

LXXXVI.

D'impertinentes simagrées
Ils fardent la deuotion,
Par leur gauche inclination,
Les bonnes mœurs sont denigrées,
Pourueu qu'vn Autel soit orné,
De maint ex voto griffonné
Vn sainct leur en doit bien de reste:
Et cependant de ces tableaux,
La pieté la plus modeste,
Rit sous cape, & dit maux nouueaux.

LXXXVII.

Ils donnent tout aux apparances,
Et l'amitié qui regne entr'eux
N'est qu'vn Fantosme vain & creux
Qui les repaist de reuerances
Leur courtoise à l'estranger,
Ne gist qu'en l'esclat mensonger,
De quelque grimasse bouffonne,
Et leurs discours faits au compas
Monstrent qu'en la place Nauonne
Tous les Charlatans ne sont pas.

LXXX VI II.

L'aſſaſſin de Glame, ou de Balle,
Icy ſe loüe à peu de fraits
Le Bouſon traiſtre en ſes apreſts,
S'y vend comme herbe en plaine halle,
Là Iacque de Maille fringant,
Auec la Sercelle & le gant
Y ſont eſtallez ſans nul crime,
Le maſque de fer s'y produit,
Et l'on n'y pratique l'eſcrime
Que pour quelque bon coup de nuict.

LXXXIX.

Toutesfois hors de leur querelles
Qui durent à l'Eternité
L'on y peut viure en ſeureté,
Et voir Putains & Maquerelles:
Car l'entretien chaſte & benin,
Du gentil Sexe feminin,
Ne ſi permet en nulle ſorte,
Et les hommes ſots & jaloux
Sous l'auertin qui les tranſporte
Y ſont autant de Lougarous.

LXXXX.

D'vn brayer martel en teſte
De ſes propres mains a forgé,
Les femmes ont le bas chargé,
De peur qu'il ne faſſe la beſte,

Du moins on sçait qu'en la pluspart
Les maris usent de cét art
Tant l'aspre soupçon les deuore,
Mais ce fer à deux fins seruant
Les rend bien plus ialoux encore
Du derriere que du deuant.

LXXXXI.

En cette contrainte inhumaine,
Du penil & du cropion
Vn-pauure & chetis morpion,
Ne sçauroit respirer qu'à peine
Toutes les raisons furetant,
Ie ne m'estonne pas pourtant
Que vos demarches soient si graues
En ces lieux qui sont vos enfers
Puis qu'on vous y traicte en esclaues
En vous faisant porter des fers.

LXXXXII.

Mais iusques aux dernieres bornes,
Ie m'ébhay lors que ie voy
Ces Singes qui vous font la loy,
Auoir tant de crainte des cornes,
Vostre gros visage plastré,
Vostre corps si mal accoustré,
Vostre esprit sot & miserable :
Bref en trois mots, & sans mantir,
Vostre laideur incomparable

Les en deuroit bien garantir.

LXXXXIII.

Et d'ailleurs pource qui regarde
Voſtre ardante laſcueté,
L'ombre du Boucon redouté,
Leur eſt vne aſſez ſeure garde,
Ce n'eſt pas qu'en deſpit de tout,
Vous ne veniez parfois à bout
De vos ſecrettes entrepriſes,
Et que vous ne monſtriez fort bien,
Qu'à femelles d'amour entrepriſe
Les anicroches ne ſont rien.

LXXXXIV.

Changeons de notte & de langage
C'eſt eſtre ſur vous trop long temps,
L'heure veut qu'au Havre où ie tende,
I'aille finir mon nauigage:
Mais auant que d'entrer au Port
Où ie me vois rire à l'abord,
La Palme de la mocquerie,
Ie chanteray qu'en ceſte Cour
La maudite chicanerie,
Fait ſon plus Eminent ſejour.

LXXXXV.

Ie diray que hors de la banque,
et d'autre moyen d'en auoir
Qu'on cherche icy quelque ſçauoir.

On rencontrera tousiours blanque,
Ie conteray qu'en ce pourpris,
Par l'ignorance & le mespris
La Doctrine est si raualee,
Que ces deux miracles diuers
De Campanelle & Galilée
N'y sont lorgnez que de trauers.

LXXXXVI.

Dans vne plaisante maxime,
Qui suppose vn peché brutal,
Pour euiter vn plus grand mal,
Le Bordel s'y void legitime,
On l'y trouue en tous les quartiers,
Il a rang parmy les Mestiers,
De qui l'vtilité i'aprouue,
Et pour les communs braquemars,
Le vray Camp de Venus s'y trouue,
Où fut iadis celuy de Mars.

LXXXXVII

Les triquebilles d'Austrasie,
Dont les trois ne font qu'vn boisseau,
Se mettroient tous dans vn seau,
En l'effroy dont elle est saisie:
Bref nostre tonnerre enflamé,
D'vn seul esclair a consommé
Le tiers de l'orgueil de Bysance,
Et l'ardeur qu'en tant de beaux faicts

A tefmoigné noftre vaillance,
Glacé de crainte Alger & Fez.

LXXXXVIII.

D'entonner toutes nos Victoires,
Ce feroit vn trop haut project,
Elles fourniront de fuiect,
A de plus Doctes efcritoires
De iafer dauantage außi
Sur toutes ces fadaifes icy
Ma langue en feroit efrence,
Que fi quelque efprit curieux
Veut voir cette matiere ornee
D'vn veftement plus precieux.

LXXXXIX.

Ie le renuoye aux doctes veilles,
Du Tofcan , & de Langeuin
Leur Enthoufiafme diuin,
A là-deffus profné merueille:
Et bien que de deux grands Sonnets
L'Amant de Laure aux beaux vers nets,
Ou ayent efté chaftrez dans fon Liure,
De rien cela ne peut guerir ,
C'eft doublement les faire viure,
Que de les faire ainfi mourir.

C.

En marbre , en airain on les graue,
Quand on les efface en papier

F 4

Et iusqu'au Merle d'vn Fripier,
Il les sifle alors, & s'en braue
Qu'on me deffende, on me lira
Par cœur vn chacun me sçaura,
Si le Conclaue me censure.
Le Ieusne est vn tour de banquet,
La Chasteté fait la luxure,
Et le silence le caquet.

C I.

Pour acheuer en galand homme,
Ie dis que ie fais plus d'estat
Des vignes de la Cioutat
Que de toutes celles de Rome :
Et d'ailleurs, ie ne pense point
Qu'elle s'eschauffe en son pourpoint
Sur ce tiltre de Ridicule
Puis qu'on void encore en ce lieu,
Qu'au Pair d'vn Mars, & d'vn Hercule,
Elle en fit autrefois vn Dieu.

FIN.